Bernd Havenstein

Deutschland bei der Expo 1958 in Brüssel

Inhaltsverzeichnis

wikipedia

Die Eröffnung der Great Exhibition im Crystal Palace.

Entstehung der Weltausstellungen

Die seit dem Mittelalter an verschiedenen Orten Europas stattfindenden Messen hatten rein gewerbliche Zwecke. Die am 1. Mai 1851 im Londoner Hyde-Park durch Königin Victoria und ihren Ehemann Prinz Albert eröffnete »Great Exhibition of the Works of Industry of All Nations« machte schon in ihrem Titel deutlich, dass es hier um anderes ging. England war im 19. Jahrhundert die führende Industrienation und größte Kolonialmacht, kein Wunder also, dass eine umfassende Schau der industrialisierten Länder Europas gerade hier ihren Beginn hatte. Josef Paxton hatte unter Rückgriff auf seine Erfahrungen beim Gewächshausbau einen riesigen »Crystal Palace« errichten lassen, der allen teilnehmenden Nationen genügend Platz zur Ausbreitung ihrer Exponate bot. In einer Zeit ohne Radio, Fernsehen, Film und mit gerade einmal bescheidenen Anfängen der Fotografie wurde diese erste und die ihr folgenden Ausstellungen von einem Millionenpublikum besucht, das mit seinen mündlich oder schriftlich weitergegebenen Eindrücken dafür sorgte, dass Weltausstellungen über viele Jahrzehnte ihre Faszination behielten.

Im beginnenden 20. Jahrhundert konnte der Film für ein Massenpublikum die Begeisterung für diese Demonstration von Fortschritt, Wohlstand und Modernität sogar noch steigern. Während die in unregelmäßigen Abständen stattfindenden Expositionen zuerst in Europa organisiert wurden, kamen später Städte in den USA und sogar Australien dazu. Erst in der zweiten Hälfte des 20. Jahrhunderts fanden sie auch in Asien statt. In Europa waren besonders die Städte London, Paris und Brüssel wiederholt Austragungsort. Deutschland trat erst im Mai des Jahres 2000 mit der »Expo 2000« in Hannover als Austragungsort in Erscheinung. Es wird geschätzt, dass in dem gut hundertjährigen Zeitraum von 1851 in London bis 1958 in Brüssel rund 415 Millionen Menschen die europäischen Ausstellungen gesehen haben. In Brüssel zeigte erstmals das neue Medium Fernsehen Millionen Menschen einen zeitgleichen virtuellen Besuch der Veranstaltung. Expo-Veranstaltungen wurden Orte des internationalen Austausches, des Ver- und Abgleichens, Unterscheidens und Konkurrierens. Sie waren allerdings auch Orte für Eurozentrismus, Kosmopolitismus und Kolonialismus, für die Darstellung der Überlegenheit westlicher Technik, Wirtschaft und »Zivilisation«. Die Veränderung der Präsentation der Exponate von einer zentralen Halle in einzelne nationale Pavillons führte zu einer Vergrößerung der Ausstellungsfläche. An- und Abtransport, Verpflegung und sanitäre Fragen mussten für ein Millionenpublikum gelöst werden. Mit den komplexer werdenden Ausstellungsflächen verloren die Besucher zunehmend den Gesamteindruck. Mit Aussichtstürmen, Riesenrädern und sogar Heißluftballons versuchte man dem Besucher einen Überblick, eine Schau von oben zu ermöglichen. In Brüssel löste man diese Frage mittels Seilbahn und kleinen Gondeln. Eine Zeit lang wurden Großveranstaltungen dieser Art mit der Ausrichtung der Olympischen Spiele gekoppelt. So 1900 in Paris, 1904 in St. Louis und 1908 in London. Davon kam man aber schnell wieder ab. Heute haben Weltausstellungen ihre Bedeutung verloren; die weltweite digitale Revolution hat sicher dazu beigetragen. Der »Ausstellungsmüdigkeit« des Westens steht aber der Erfolg in Asien gegenüber: Die japanische Expo ’70 in Osaka bzw. die chinesische Expo 2010 in Shanghai waren die beiden meistbesuchten Weltausstellungen aller Zeiten.

Die deutschen Beteiligungen an den Weltausstellungen und die Deutschen Pavillons bis Kriegsbeginn 1939

Bei den Weltausstellungen vor 1871 waren zumeist nur einzelne deutsche Exponate zu sehen, oder einer der deutschen Teilstaaten war mit einer Gesamtpräsentation vertreten. So bei der ersten Weltausstellung 1851 in London, wo der Unternehmer Reinhard Mannesmann dem Publikum die Erzeugnisse seiner »Feilen- und Gussstahlfabrik« vorstellte. Als Einzelfirma präsentierte sich ab 1860 auch die Firma Friedrich Krupp mit Stahlprodukten und Kanonen, so bei der Weltausstellung 1867 in Paris mit einer 47 Tonnen schweren Kanone. Erstmalig als geeinter Staat vertreten war das Deutsche Reich auf der Weltausstellung in Wien 1873. Mit dem Erstarken der deutschen Industrie nach den gewonnenen Einheitskriegen gegen Dänemark, Österreich-Ungarn und Frankreich wurde überlegt, ob nicht auch Deutschland Austragungsort einer derartigen Weltausstellung werden sollte. Die Deutsche Bauzeitung unterbreitete 1890 konkrete Vorschläge für die Gestaltung eines noch zu errichtenden Ausstellungsgeländes. Nicht in Übereinstimmung zu bringende Vorstellungen über die Finanzierung eines solchen Vorhabens seitens Regierung und Industrie verhinderten eine Realisierung solcher Pläne. So kam es nur zu einer nationalen Veranstaltung mit einer großen Fläche von 900.000 Quadratmetern – der Berliner Gewerbeausstellung von 1896 außerhalb der Berliner Stadtgrenze, im Gebiet des heutigen Treptower Parks.

Während Deutschland in Wien eine allseits beachtete Industrieschau präsentierte, lag der Schwerpunkt der drei Jahre später in Philadelphia stattfindenden Weltausstellung auf kunstgewerblichen Produkten. Hierfür erfuhr das Deutsche Reich wegen der als »billig und schlecht« (so selbst der Generalkommissar der deutschen Abteilung Franz Reuleaux) empfundenen Qualität der vorgestellten Produkte international heftige Kritik. Ein Detail des deutschen Beitrages war in Philadelphia allerdings neu: Erstmalig wurde – neben den themenspezifischen Ausstellungshallen – ein Regierungspavillon als Empfangs- und Verwaltungsgebäude des deutschen Generalkommissars gebaut. Das einstöckige Gebäude mit Seitenflügeln und ganz im klassizistischen Stil war von dem deutsch-amerikanischen Architekten Hermann Joseph Schwarzmann gestaltet worden. Die in kurzen Abständen folgenden weiteren Weltausstellungen waren nach dem Misserfolg in Philadelphia stark vom Wunsch nach glanzvoller Repräsentation des deutschen Kaiserreiches geprägt. Während man sich bei den außereuropäischen Ausstellungen ganz in diesem Sinne bemühte, verzichtete Deutschland auf eine Teilnahme an den Ausstellungen in Paris 1878 und 1889. Dies beruhte auf den immer noch latenten Spannungen zwischen den einstigen Kriegsgegnern von 1870/71. Jedoch führten wirtschaftspolitische Erwägungen dazu, sich zur Jahrhundertwende-Ausstellung 1900 in Paris als selbstbewusste Nation der Welt zu zeigen. Frankreich hatte schon Jahre zuvor mit den Planungen für das Gelände begonnen und die Flächen an der Esplanade des Invalides und Champs de Mars für die Weltausstellung vorgesehen. Zwischen beiden Ausstellungsflächen sollte als verbindendes Band entlang des Seine-Ufers die »Rue des Nations« den Ausstellungs-Teilnehmern die Errichtung ihrer nationalen Repräsentationsgebäude ermöglichen. Für das deutsche Haus gelangte ein Entwurf des Architekten Johannes Radke zur Ausführung. Es war in seinem architektonischen Eklektizismus das idealisierte Erscheinungsbild eines Gebäudes aus dem 16. Jahrhundert in einer Mischung aus gotischer Tradition und Neo-Renaissance-Elementen. Während sich ausländische Beobachter diplomatisch zurückhaltend zu diesem Haus äußerten, schrieb ein Kommentator in der Deutschen Bauwelt

Wikipedia

Deutscher Pavillon bei der Weltausstellung 1900 in Paris.

wegen der überbordenden Fassadenmalerei von »Pschorrbräu-Architektur«.

Eine bemerkenswerte architektonische Leistung gelang Deutschland dann allerdings bei der letzten großen Weltausstellung vor dem Ersten Weltkrieg 1910 in Brüssel. Neu für Brüssel war, dass hinsichtlich der Ausstellungsorganisation nach dem Prinzip der nationalen Trennung verfahren wurde. Es gab also keine themengebundenen Hallen für alle Nationen, sondern jedes Land präsentierte sich mit all seinen Sparten in einem zusammenhängenden nationalen Ausstellungsgebäude. Bei den Planungen für den deutschen Gebäudekomplex machte sich die 1907 erfolgte Gründung des Deutschen Werkbundes positiv bemerkbar. Emanuel von Seidl wurde ausführender Architekt und mit Peter Behrens und Bruno Paul waren zwei Vertreter des Deutschen Werkbundes im künstlerischen Büro vertreten. Das Deutsche Haus als vertikale Dominante mit gekreuztem Dachaufbau und geschweiften Walmdächern verzichtete weitgehend auf eine traditionelle und repräsentative Fassadengestaltung. Mit einer Farbpalette zwischen Schwarz, Weiß und Gold, den spannungsvollen Kontrasten zwischen glatten Flächen und konstruktiven Details entsprach es – bedingt durch den ausführenden Architekten Seidl – einem süddeutschen Gebäude im Reformstil mit einigen Anklängen an den schon zu Ende gehenden Jugendstil. Die hinter dem Repräsentationsgebäude liegenden Hallen waren in ihrer Fluchtlinie gestaffelt und vermieden so auf der Gesamtlänge von 500 Metern jegliche Monotonie. Während Seidl auch für die Gestaltung der hinter dem Deutschen Haus liegenden Hallen verantwortlich war, erfuhren die rechts davon liegenden Landmaschinen-, Ingenieurs-, Kraftmaschinen- und die Eisenbahnhalle ihre Gestalt durch Peter Behrens, der ein Jahr später mit seiner Turbinenhalle für die AEG in Berlin einer neuen Industriearchitektur zum Durchbruch verhalf.

Für die gastronomische Betreuung der Besucher sorgte ein Weinrestaurant, welches mit dem Hauptgebäude durch einen Trakt nach Süden hin verbunden war. Davor und separat stehend folgte das Münchner Haus. War das Zentralgebäude Deutschlands zehn Jahre zuvor noch als »Pschorrbräu-Architektur« verhöhnt worden, war nun das »Münchner Haus« als zweite Gastronomie auf der deutschen Fläche unverstellt als Bierpavillon mit süddeutschem Charme gebaut worden. Es war ein Gemeinschaftsunternehmen der Münchner Brauereien Pschorrbräu, Löwenbräu, Spatenbräu und Leistbräu.

Der Weimarer Republik war es nur einmal vergönnt, sich auf einer Weltausstellung zu zeigen. Das war 1929 in Barcelona. Deutschland musste und wollte sich nach dem Ersten Weltkrieg als demokratische Republik vom aggressiven Kaiserreich distanzieren. Die kurz nach der Novemberrevolution durch Walter Gropius erfolgte Gründung des Bauhauses in Weimar 1919 und eine sich entwickelnde pluralistische Kulturlandschaft boten

Wikipedia

Deutscher Pavillon bei der Weltausstellung 1910 in Brüssel.

ausreichendes Selbstbewusstsein, sich der internationalen Öffentlichkeit mit progressiven künstlerischen und architektonischen Ausdrucksformen zu zeigen. Zum Generalkommissar für die deutsche Ausstellung wurde Georg von Schnitzler gewählt; Aufsichtsratsmitglied der IG-Farben Frankfurt a. M. Schnitzler favorisierte den einstigen Mitarbeiter von Peter Behrens und nun 2. Vorsitzenden des Deutschen Werkbundes (ab 1930 auch Leiter des Dessauer Bauhauses) Mies van der Rohe als künstlerischen Direktor der deutschen Ausstellung. Auf Grund von langwierigen Verhandlungen mit der spanischen Seite verblieben van der Rohe nur noch rund sechs Monate, um den Deutschen Pavillon zu planen und mit dem Bau zu beginnen. Eine Woche nach der offiziellen Eröffnung der Weltausstellung konnte am 26. Mai 1929 unter Anwesenheit des spanischen Königs der Pavillon eingeweiht werden. Die deutschen Exponate der Industrie, der Landwirtschaft sowie des Kunsthandwerks wurden in den von Spanien gebauten Themen-Hallen gezeigt. Die Präsentation in den Hallen selbst übernahm die Mitarbeiterin von van der Rohe, Lilly Reich.

Mies van der Rohes Innovation bestand darin, den Pavillon mit nur wenigen sichtbaren Stützen zu bauen und dafür die Außen- und Innenwände als tragende Elemente auszuführen, die gleichzeitig die innere Raumaufteilung vollzogen. Hervorstechendes Gestaltungselement des Pavillons war seine Außenwand aus grünem Marmor, der das rechte Drittel der Vorder-, die vollständige rechte Seiten- sowie etwa die Hälfte der Rückfront ausmachte. Die Höhe der in einem Hamburger Stein-Depot vorgefundenen Onyx-Platten für die freistehende Innenwand bestimmte gleichzeitig die Raumhöhe des Gebäudes. Auf der rechten Seite befand sich in kleines Atrium mit Wasserbecken und der Georg Kolbe-Plastik »Der Morgen«. Nach links schloss sich dem Pavillon ein großes Wasserbecken mit dahinterliegender Travertin-Wand an. In diesem linken Teil befand sich ein kleines Büro mit WC und Waschraum. Der Pavillon besaß keine Türen. Das wenige Mobiliar wurde gleichfalls von van der Rohe entworfen – so entstand der berühmte und zur Design-Ikone gewordene »Barcelona-Chair«, ein Sessel (und Hocker) mit verchromten Stahlgestell und Lederpolstern. Der Deutsche Pavillon vermittelte Modernität, Offenheit, Transparenz und völligen Verzicht auf Demonstration einer industriellen und kulturellen Vorrangstellung Deutschlands. Lediglich die Goldtöne der Onyx-Wand, der schwarze Veloursteppich und der rote Vorhang vor einer Glaswand ermöglichten eine visuelle Verbindung mit dem Schwarz-Rot-Gold als Flagge der Weimarer Republik.

Die sich ab Oktober 1929 nach dem New Yorker Börsenkrach rasant entwickelnde Weltwirtschaftskrise führte dazu, dass Deutschland den eindrucksvollen Bau nicht in das Herkunftsland überführen konnte. Die Eisenträger wurden verkauft, Marmor, Onyx und Travertin gingen an die Lieferfirmen zurück. Nur die Bronzeplastik »Der Morgen« von Georg Kolbe aus dem Atrium gelangte wieder nach Berlin.

Die 1937 in Paris stattfindende Weltausstellung machte deutlich, dass die NS-Regierung trotz aller Angebote von Walter Gropius und Mies van der Rohe einen düsteren und brutalen

wikipedia

Der deutsche Pavillon bei der Weltausstellung 1929 in Barcelona.

Klassizismus bevorzugte. Repräsentant dieser Richtung wurde Albert Speer, der sich sehr schnell den neuen Gegebenheiten anpasste und für Paris eine vertikale Machtdemonstration mit Reichsadler und Hakenkreuz sowie den Figurengruppen »Kameradschaft« und »Familie« von Josef Thorak (insgesamt sechs Figuren) am Eingang ablieferte. Eine Machdemonstration nicht nur gegenüber dem Gastland Frankreich, sondern auch in Richtung Sowjetunion, die ihren Ausstellungspavillon von Boris Iofan in Front zum deutschen hatte. Während athletische Muskelmänner und -frauen den deutschen Eingang am Place Trocadèro flankierten, reckten auf dem sowjetischen Dach Vera Muchinas Arbeiter und Bäuerin Hammer und Sichel in den Pariser Himmel. Es ist verbürgt, dass Speer Kenntnis der sowjetischen Bauplanung hatte. Demzufolge erhöhte er die Turm-Vertikale, damit der Reichsadler gleichsam von einem Bollwerk auf die anstürmenden Sowjetmenschen blicken konnte. Speer schrieb in seinen »Erinnerungen«: »Auf

wikipedia

wikipedia

Auf dem linken Bild der deutsche Pavillon, auf dem rechten der sowjetische. Die Pavillons standen sich gegenüber.

hohem Podest schritt eine Figurengruppe von zehn Metern Höhe triumphal auf den deutschen Pavillon zu. Daraufhin entwarf ich eine in schwere Pfeiler gegliederte, kubische Masse, die diesen Ansturm aufzuhalten schien, während vom Gesims meines Turmes ein Adler mit dem Hakenkreuz in den Fängen auf das russische Paar herabsah. Für den Bau erhielt ich eine Goldmedaille, mein sowjetischer Kollege ebenfalls.«

Die Nachkriegssituation, die belgische Initiative zur Weltausstellung in Brüssel 1958 und die Teilnahme Deutschlands an der Expo 1958

Nach der Aufteilung Deutschlands in Besatzungszonen führten auch unterschiedliche Vorstellungen über den Umgang mit Deutschland zum Bruch der Anti-Hitler-Koalition.

Nach dem die Pariser Weltausstellung 1937 von den politischen Gegensätzen Deutschland und Sowjetunion geprägt war, wurde schnell deutlich, dass sich in Brüssel der Konflikt diesmal als Ost-West-Konflikt in Europa darstellen würde, insbesondere verkörpert durch die Gegnerschaft der beiden Supermächte USA und Sowjetunion. Dennoch war man sich in Brüssel sicher, dass beide Länder die Chance aufgreifen würden, um »die anderen wissen zu lassen, welche Vorstellung er von diesem Glück hat und auf welche Weise er glaubt, die materiellen und moralischen Vorbedingungen dafür zu gewährleisten«, wie es in der Einladung zur Weltausstellung von den Ländern gefordert wurde. Und die Zeit dafür schien günstig, denn Europa hatte die schwersten Kriegszerstörungen in den Städten beseitigt, erlebte einen – gegenüber den Jahrzehnten vor 1945 – spürbaren Anstieg des Lebensniveaus breiter Bevölkerungsschichten, einen enormen Technologieschub, eine stürmische Entwicklung der Flugzeug- und Raketentechnik und nicht zuletzt einen Jahrtausendschritt vorwärts, da elektrische Energie auf der völlig neuen Grundlage der Kernspaltung erzeugt werden konnte. Das »Atom-Zeitalter« hatte begonnen und führte auf belgischer Seite zur Konstruktion des Wahrzeichens der 1958er- Weltausstellung: dem Bau eines riesigen

Eisen-Atoms mittels Kugeln und Verbindungsstreben zu einem markanten, die Jahrzehnte überdauernden Symbol.

Am 17. April 1958 wurde die Weltausstellung durch den belgischen König Baudouin eröffnet. 47 Länder und internationale Organisationen hatten Pavillons im Ausstellungsgelände, dem königlichen Park von Heysel, südlich der 1935 errichteten Ausstellungshallen, errichtet. Etwa 41 Millionen Besucher wurden bis Ende Oktober gezählt. Das Interesse der Besucher galt im besonderen Maße den Hallen der USA und der Sowjetunion, die nebeneinander lagen. Der Pavillon der Sowjetunion wurde nach dem Entwurf der Architekten Abramov, Boretski, Doubov und Polanski gebaut. Es war eine große Halle mit rechteckigem Grundriss und umgehender Glasfassade. Ein voran gestelltes Pfeilerportal betonte den Eingangsbereich. Mittig darüber das Staatsemblem der UdSSR. Im Inneren eine breite Treppe, links und rechts auf Sockeln Plastiken eines Stahlarbeiters und einer Kolchosbäuerin. In der Blickachse des Besuchers der Satellit Sputnik 1. Erst im hinteren Teil der Halle eine große Lenin-Statue, flankiert von den neuesten Modellen der Luftfahrtindustrie und vor dem Hintergrund des Roten Platzes mit Kreml und Basilika-Kirche. Publikumswirksam startete die Sowjetunion Sputnik 3 am 15. Mai 1958, kurz nach Beginn der Weltausstellung. Der sowjetischen Post war Brüssel eine Briefmarken-Edition wert. So ließ sie eine 10- und eine 40-Kopeken Marke drucken.

Die USA konzentrierten sich auf Bereiche, in denen sie eine unangefochtene Spitzenstellung besaß: Publikumswirksam wurde ein Stereo- und Farbfernseh-Studio sowie eine elektronische Rechenmaschine gezeigt. Im Inneren des kreisrunden Gebäudes gruppierten sich die Ausstellungsbereiche konzentrisch um einen großen Pool mit Insel. Über einen Laufsteg hin zur Insel präsentierten Mannequins effektvoll die aktuellen Modetrends. Den trommelartigen 22 Meter hohen Rundbau mit einem Außendurchmesser von 104 Metern hatte Edward Durell Stone entworfen, die Innengestaltung verantwortete B. Rudofsky. Die transparente Außenhülle entfaltete

wikipedia

Links der Pavillon der Sowjetunion, dahinter der Pavillon der USA.

besonders in der Nachtzeit durch die Innenbeleuchtung eine faszinierende Wirkung. Vorwiegend war die amerikanische Ausstellung auf die Aspekte Kultur und Unterhaltung ausgerichtet. Dies wurde unterstrichen durch die Mobile-Skulpturen von Alexander Calder und den Zeichnungen von Saul Steinberg. Letzterer hatte in seinen Wandgemälden mit gehöriger Ironie den Alltag des »American way of life« thematisiert. Allerdings zeugt dies auch von einer Offenheit der Aussteller, dies zuzulassen.

Im Frühjahr 1954 erhielt die deutsche Bundesregierung die offizielle Einladung zur Teilnahme an der Weltausstellung in Brüssel, die – infolge des Korea-Kriegs – auf das Jahr 1958 verschoben worden war. Das Brüsseler Ausstellungsprogramm sollte »eine Bilanz menschlichen Wirkens auf allen Gebieten in der modernen Welt aufstellen: den Völkern klar und dynamisch zum Bewusstsein bringen, dass sie verpflichtet sind, dieser Welt das Menschliche zurückzugeben.« Die Präsentation nationaler wissenschaftlicher und technischer Errungenschaften sollte den Nutzen »zur Verbesserung der menschlichen Lebensbedingungen« aufzeigen. Das allen Einladungen beigefügte Konzept des belgischen Generalkommissariats formulierte den Wunsch des Gastgeberlandes folgendermaßen: »Wir möchten, dass jede Nation den anderen ihre Lebensweise, ihre philosophischen und religiösen Konzeptionen sowie ihre wirtschaftlichen und sozialen Programme erklären kann. Wenn Regieren den Versuch bedeutet, das Glück eines Volkes zu mehren, dann ist jeder eingeladen, die anderen wissen zu lassen, welche Vorstellung er von diesem Glück hat und auf welche Weise er glaubt, die materiellen und moralischen Vorbedingungen dafür zu gewährleisten.«

Die im August 1954 übermittelte Einladung der belgischen Seite blieb lange seitens der deutschen Regierung unbeantwortet. Erst im Frühjahr 1955 erfolgte eine Teilnahmebestätigung. Nach einem Kabinettsbeschluss vom Juli des selben Jahres sollte der deutsche Beitrag unter Führung des Bundeswirtschaftsministeriums und des deutschen Generalkommissars erfolgen. Für diese Funktion hatte man den einstigen Bremer Senator Hermann Wenhold ausgewählt. Die Bauabteilung des Bundesfinanzministeriums wurde hinzugezogen und für die konkrete Umsetzung aller Ausstellungs-Konzepte die Nordwestdeutsche Ausstellungsgesellschaft mbH (NOWEA) Düsseldorf beauftragt. Jedoch war bis September 1955 weder in der Bundesregierung noch in Kreisen der Wirtschaft ein erkennbares Interesse an einem deutschen Beitrag in Brüssel festzustellen. Allerdings war da schon lange der Vorschlag an das Bundeswirtschaftsministerium herangetragen worden, den Rat für Formgebung (1952 gegründet und beim BMWi angegliedert) und den Deutschen Werkbund bei den konzeptionellen Arbeiten mit heranzuziehen. Bei Wirtschaftsminister Ludwig Erhard trafen die Überlegungen der beiden Architekten Hans Schwippert und Sepp Ruf auf positive Resonanz. Schon Ende 1955 hatte dann Hans Schwippert seinen ersten

Entwurf vorgelegt, der die Absichten der belgischen Gastgeber aufgriff und für die deutsche Beteiligung forderte, »... darzustellen, wie Deutschland das Leben seiner Menschen sich nicht etwa nur denkt, sondern dabei ist, das Leben seiner sogenannten Massen faktisch einzurichten, dies nicht nur zu behaupten, sondern nachzuweisen und zu belegen...« Weiterhin ging es Schwippert um »Lebensheiterkeit« und »eine neue Leichtigkeit«, verdeutlicht im neuen Bauen und in moderner Produktgestaltung, sowie um die Modernisierung der Arbeitswelt. Er wies darauf hin, dass ein Erfolg sich nur dann einstellen könne, »wenn sie Sachverständigen anvertraut wird, welche sowohl die hier ausschlaggebende Urteilsfähigkeit über die humanitär-kulturellen und formalen Werte wie auch die Fähigkeit zur zusammenfassenden optischen und räumlichen Repräsentation von höchstem gestalterischem Rang besitzen. Idee und Durchführung sind hierbei schwerlich zu trennen«.

Nach etlichen Sitzungen des Beirats setzten sich die Werkbundvertreter durch, da sie sich auf ein gutes Netzwerk von im DWB vereinten Gestaltern, Architekten, Sachverständigen, Industriellen, Beamten sowie auf Wirtschaftsminister Erhard und den Bundespräsidenten Theodor Heuss stützen konnten. Der Leiter der Kulturabteilung des Auswärtigen Amtes und Mitglied des Werkbundes Gustav B. von Hartmann formulierte die endlich gefundene Formel deutscher Darstellung so: »Es ist im Gegenteil der Wunsch der Bundesregierung, die kulturelle und ideologische Seite in den Vordergrund treten zu lassen«. Auf Wunsch des Werkbundes wurde auf eine Ausschreibung für die Gestaltung der Ausstellungsbauten verzichtet und Sep Ruf und Egon Eiermann mit dieser Aufgabe betraut. Die absolute Dominanz des DWB zeigte sich darin, dass von neun thematischen Gruppen acht von Werkbundmitgliedern geleitet wurden und in der Jury von 27 Mitgliedern 20 dem Werkbund angehörten. Im Verlauf des Jahres 1957 entstand in Regierungskreisen der Gedanke, die deutsche Präsenz auch für eine politische Aussage zu nutzen. So sollten die Vorteile der Sozialen Marktwirtschaft betont werden, allerdings wollte man vermeiden, die eigene Lage allzu positiv hervorzuheben, um in der Öffentlichkeit so kurz nach dem Zweiten Weltkrieg kein Neid zu wecken. Allerdings gab es starke Bestrebungen auf die deutsche Teilung und den Verlust einstigen deutschen Staatsgebietes hinzuweisen, die jetzt zur CSSR, zu Polen und der Sowjetunion gehörten. So forderte Theodor Oberländer, Bundesminister für Vertriebene, Flüchtlinge und Kriegsgeschädigte Ende September 1957 nicht nur eine explizite Darstellung dieser Sachlage im deutschen Pavillon, sie sollte sogar im Mittelpunkt stehen. Eine derartig exponierte politische Präsentation lehnte ein Vertreter des Wirtschaftsministeriums jedoch ab. Dies würde dem gültigen Kabinettsbeschluss widersprechen. Auch das Auswärtige Amt plädierte für ein vorsichtiges Auftreten im Ausland. Hans Schwippert entgegnete den Bestrebungen etlicher Journalisten mit einer klaren politischen Ansage: »Einige zornige Federn wünschen Trümmerberge zu sehen. Haben andere Nationen keine Trümmer? Und durch wen? Wollen jene Leute Trümmerberge als deutsche Repräsentanz, dann gehört es dazu, dass Deutschland gleichzeitig 6 Millionen tote Juden ausstellt! Bei einem internationalen Wettbewerb in Trümmern, Toten, einer Weltkonkurrenz in Flüchtlingen, in Elend, hätten wir vermutlich schlecht abgeschnitten.« Dennoch einigte man sich nach interministeriellen Besprechungen auf den Kompromiss, neben einer Landkarte Deutschlands in den Grenzen von 1937 ein künstlerisch gestaltetes Bodenrelief mit dem Leitwort »Der Herzschlag eines Volkes geht durch geteiltes Land« im deutschen Pavillon zu zeigen.

Der Deutsche Pavillon – Gliederung der Einzelgebäude und gezeigte Exponate

Während sich die Pavillons der Supermächte, der anderen großen westeuropäischen Staaten und des Vatikans im nördlichen und mittleren Bereich des Heysel-Parks befanden, hatte man Deutschland einen weit entfernten Platz zugewiesen. Er lag am südlichen Rand des Heysel-Parks und unterhalb des erhöhten Rondells im Laken-Park mit dem Denkmal Leopold I, dem ersten belgischen König (ab 1831). Was insofern dann wieder eine gedankliche Nähe zu Deutschland hatte, weil der erste belgische König aus Sachsen-Coburg und Gotha stammte.

Der von Egon Eiermann und Sep Ruf entworfene Komplex bestand aus acht Einzelpavillons mit quadratischem Grundriss, die in ihrer Gruppierung einen grünen Innenhof mit hohen Bäumen und einem Brunnen (Fritz Kindermann) bildeten. Zwischen den Pavillons 3 und 4 befand sich ein künstlich angelegter Teich. Markantes architektonisches Symbol war eine Art Stahl-Nadel, 52 m hoch, die Träger der 53 m langen Zugangsbrücke zu den Treppen war und über die die Besucher – vom Hügel des Rondells kommend – direkt in die Ausstellungsräume geleitet wurden. Dadurch war die gesamte bauliche Anlage in die wellige und mit vielen Bäumen ausgestattete Parklandschaft eingefügt worden.

Die Landschaftsgestaltung wurde nach Plänen von Walter Rossow umgesetzt. Die aufgestellten Skulpturen gehörten zum Gestaltungskonzept, das von einer Kombination von Architektur, Landschaft und Kunst ausging. Aus einer Jury-Entscheidung heraus wurden vier Kunstwerke für die Umgebung des Deutschen Pavillons ausgewählt. Das waren eine

Wikipedia Manfred Niermann

Der deutsche Pavillon auf der Weltausstellung 1958 in Brüssel.

Aluminium-Plastik in stark abstrahierten Formen mit dem Titel »Mensch und Fortschritt« von Bernhard Heiliger, eine Metallkonstruktion mit blauem Glas von Nele Bode, ein Brunnen aus Sandstein und Granit von Fritz Kindermann sowie Fritz Königs Bronzeplastik »Mutter mit Kindern«. Als Gestaltungselement im Freiraum wurde gleichfalls ein Achtersteven eines Schiffes ausgestellt, der – von weitem betrachtet – durchaus als abstrakte Plastik verstanden werden konnte. Nach dem Konzept von Hans Schwippert wurden in den acht zwei- bis dreistöckigen Flachbauten die neun Ausstellungsbereiche platziert: Landwirtschaft, Handwerk, Industrielle Arbeit, Stadt und Wohnung, Persönlicher Bedarf, Soziale Aufgaben, Freie Zeit, Heilen und Helfen, Erziehung und Bildung.

Hinzu kamen ein »Quellenraum«, der die deutschen Kur- und Heilbäder symbolisierte, eine Bibliothek, ein Restaurant sowie eine moderne Weinstube. Im Obergeschoß des Pavillon

8 befand sich ein Kongressraum, der weitere Kunstwerke enthielt. So die Holz-Plastik von Josef Henselmann »Der Herzschlag eines Volkes geht durch geteiltes Land«, je ein Bildteppich von Josef Oberberger und Johanna Schütz-Wolff sowie ein Glas-Bild von Theodor Baumann. Des Weiteren waren im Foyer Bildhauerarbeiten von Edwin Scharff, Gerhard Marcks und – einer guten Tradition folgend – von Georg Kolbe ausgestellt.

In den lichten und offenen Räumen wurden die Einzelexponate in Metall-Glas-Vitrinen ausgestellt. Texte waren knapp und präzise gehalten, wurden durch Schautafeln, Grafiken und Fotografien ergänzt. Unter bewusstem Verzicht auf »Sensationen« und um damit getreu dem Motto von Schwippert das unspektakuläre »Leben in Deutschland« zu zeigen, waren viele alltagskulturelle Industrieerzeugnisse – allerdings auf hohem gestalterischem Niveau – zu sehen. So waren es unter anderem die Radio- und Fernsehgeräte der Firmen Nordmende, Braun, Telefunken und Grundig; die elektrotechnischen Geräte für Industrie und Haushalt der Firmen Bosch, AEG, Siemens, Bauknecht und Rowenta; Bestecke von Carl Pott aus Solingen (zwei Drittel aller im Pavillon ausgestellten Bestecke stammten aus dieser Produktion, das Modell »Besteck 784/84« aus dem Jahr 1952 wurde in einer Silberausführung zur Grundausstattung fast aller deutschen Botschaften); Uhren von Junghans und der Kienzle AG; Polstermöbel von Knoll; Kameras von Leitz, Zeiss-Ikon und Linhoff; Mechanische Spielwaren von Märklin; Nähmaschinen von Pfaff; Küchen von Poggenpohl; Hotel- und Haushaltsporzellan von Arzberg, Hutschenreuther und Rosenthal; Jagdwaffen von Sauer & Sohn; Matratzen von Schlaraffia; Herrenhemden von Seidensticker; Gebrauchsgläser von Zwiesel und der Glashütte Richard Süssmuth; Büromöbel der Firma Thonet; Keramische Erzeugnisse von Villeroy & Boch; Wiking-Modellautos aus Berlin-Lichterfelde und nicht zuletzt Silber- und Metallgeschirr von WMF. Auf dem Teich zwischen den Pavillons 3 und 4 schwammen ein Segelboot der Abeking & Rasmussen Boots- und Yachtwerft Lemwerder-Vegesack und ein Faltboot der Klepperwerke Rosenheim. Die

wikipedia Flo Beck

Lageplan der Weltaustellung.

Motorenfirma Fichtel & Sachs zeigte in einer Glasvitrine ein Schnittmodell ihres bewährten Zweitaktmotors für Mopeds. Auf dem Expo-Gelände verkehrten mit Fichtel & Sachs-Motoren ausgestattete Besucher-Rikschas, mit deutlicher Hersteller-Werbung versehen, wovon eine alte Postkarte Beleg abgibt. Als kleine Reminiszenz an den Barcelona-Pavillon von 1929 muss man wohl das getrennt vom Pavillon 3 im südlichen Teil befindliche »Haus mit Wohnhof« ansehen: Ein Flachbau mit großer Glasfront zur atriumartig ummauerten Freifläche. Die Bestuhlung erfolgte überwiegend mit Modellen von Eiermann,

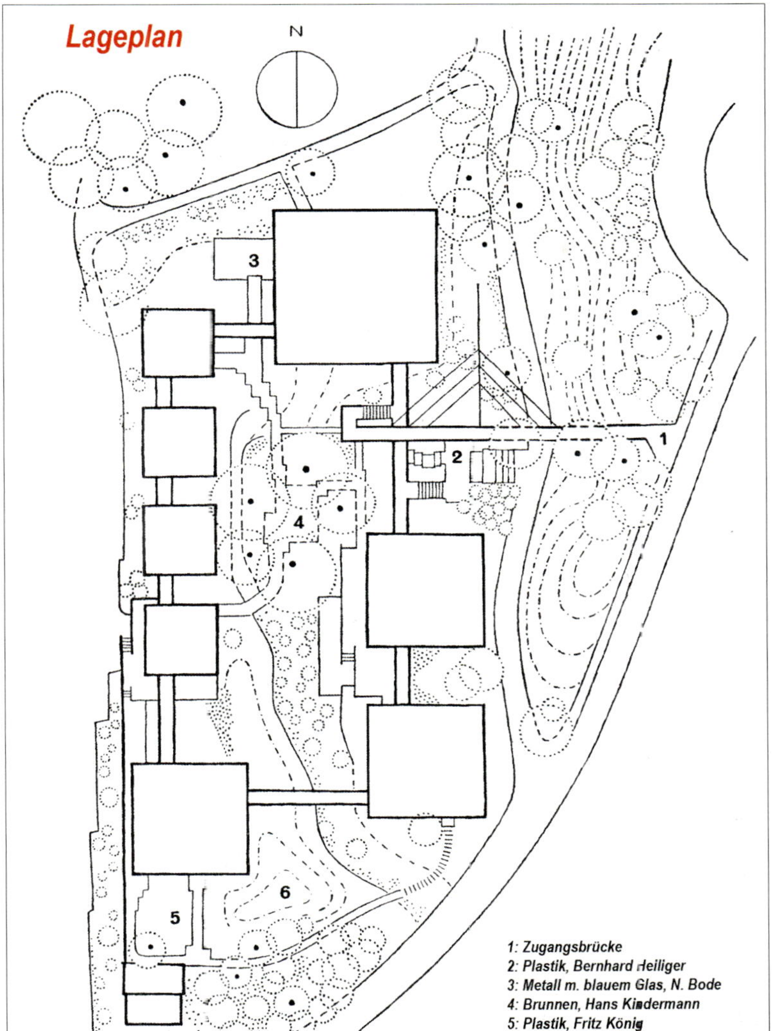

Lageplan des deutschen Pavillions.

so der legendäre Klappstuhl SE 18, Stuhl mit Flechtsitz SE 19 und die Korbstühle E 10 und E 20 für die Ruhebereiche innen und außen. Im Restaurant und der Weinstube wurden Speisen und Getränke in Gläsern und Geschirr serviert, die das von Walter Breker entworfene Signet des Deutschen Pavillons trugen. Dieses Signet bezog sich auf den Luther-Spruch mit der untergehenden Welt und dem trotzdem noch zu pflanzenden Apfelbaum. Natürlich wurde im Restaurant auch Bier von Pschorr-Bräu gezapft. Die Bewirtschaftung von Restaurant und Weinstube lag in den Händen von Hans Herbert Blatzheim, damaliger Gastro-König der jungen Bundesrepublik.

Politisches Resümee der deutschen Beteiligung in Brüssel

Der Deutsche Werkbund hatte entscheidenden Anteil daran, dass die erste internationale Repräsentation Deutschlands nach dem Zweiten Weltkrieg von Modernität in Wirtschaft und Kultur geprägt wurde, was alle internationalen Beobachter positiv werteten. Im Geleitwort des Bundespräsidenten Theodor Heuss verweist dieser auf Konzepte des DWB aus den 1920er-Jahren, die er hier nun nach jahrzehntelanger erzwungener Pause bei der »Expo 58« glücklich umgesetzt sah. Vierzig Länder und Organisationen ließen von einer internationalen Jury ihre Beiträge und Abteilungen bewerten. Kriterien waren Didaktik, Ästhetik und die Beachtung der sozialen Thematik. Bei der daraus entstandenen »Länderwertung« belegten Deutschland und die USA den zweiten Rang. Die Tschechoslowakei errang den ersten Platz.

In Deutschland selbst wurde die Präsentation von der Presse anfänglich positiv aufgenommen, jedoch startete die Tageszeitung »Die Welt« schon kurz nach Eröffnung einen Angriff auf den deutschen Beitrag in Brüssel. Inhaltlicher Kern des Angriffs war, dass die deutsche Industrie nicht ihrer Bedeutung gemäß dargestellt sei, das Leben in Deutschland wirke »sterilisiert und gebügelt«. Des Weiteren fehle die Not der Kriegs- und Nachkriegszeit. Der Artikel der Zeitung »Die Welt« war Auslöser weiterer Pressebeiträge. Bundeskanzler Adenauer besuchte den deutschen Pavillon in Brüssel, fand ihn »...trocken, wenig eindrucksvoll...« und meinte, dadurch wären auch kaum Besucher anzutreffen gewesen. Er hatte dabei jedoch übersehen, dass bei solch hohem politischen Besuch die deutsche Anlage aus Sicherheitsgründen für Normalbesucher gesperrt worden war.

Offizielle Monatsschrift der Weltausstellung Brüssel 1958 »Programm 58«, 20. Ausgabe.
Das Coverbild zeigt ein Foto des Atomium.

Platow's Kunstanstalt

Deutscher Pavillon Vorderseite mit Plastik von Bernhard Heiliger.

Die politische Führung der jungen Bundesrepublik hatte sich auf das Konzept des DWB eingelassen, weil einerseits die deutsche Industrie kein starkes Interesse an Brüssel erkennen ließ und weil nur durch dieses Konzept die programmatischen Vorgaben des belgischen Veranstalters einzuhalten waren. Der Werkbund war von den Gedanken und den Traditionen des Deutschen Bauhauses geprägt, fühlte sich ihm verantwortlich und sah hierin eine Möglichkeit einerseits an die Linie der Weimarer Republik anzuknüpfen und andererseits die egomanische Selbstdarstellung NS-Deutschlands in Paris 1937 zu korrigieren. Hans Schwippert dazu: »Diesmal und hier hat die Kraft immerhin gereicht, um die beschämende Repräsentation jenes Debakels, in Paris 1937, wettzumachen, ja auszulöschen«. Der Deutsche Pavillon in Brüssel 1958 hatte der Bundesrepublik Deutschland international hohes Ansehen und außenpolitische Akzeptanz eingebracht.

Und Philipp Oswald schreibt in seiner Streitschrift »Bauen am nationalen Haus – Architektur als Identitätspolitik«: »Die wichtigsten Staatsbauten der Bonner Republik hatten sich ganz der Moderne verschrieben: die Bundesbauten in Bonn mit dem Kanzlerbungalow 1963 – 66 von Sep Ruf, die Bauten auf den Weltausstellungen von Egon Eiermann und Sep Ruf in Brüssel 1958 und Frei Otto 1967 in Montreal, die Olympiabauten von Frei Otto, Günter Behnisch u. a. 1972 in München oder der neue Bundestag von Günter Behnisch 1987 – 1992 in Bonn. Diese Bauten stehen für Offenheit und Transparenz und verweigerten sich jedem klassischen Repräsentationswillen. Aber gerade in ihrer vermeintlichen Negation von Symbolik sind sie zuallererst symbolische Gesten. Nach außen verkörperten sie erfolgreich die Idee eines modernen, liberalen und zukunftsorientierten Deutschlands und waren bemüht, das mit Wilhelminismus und Nationalsozialismus überwiegend negative Bild von Deutschland in der Welt zu konterkarieren. Die Bauten sind der Gegenwart und Zukunft zugewandt und vermeiden konsequent jegliche historischen Bezüge. Sie schaffen ein Identifikationsangebot durch eine Verankerung in der Gegenwart statt in der Geschichte. Dies war auch ein Angebot zu Befriedung nach Innen. Die Zukunftszugewandheit erlaubte es, jahrzehntelang einer gesellschaftlichen Auseinandersetzung über die eigene Vergangenheit überwiegend aus dem Weg zu gehen.«

DDR-Beteiligung in Brüssel 1958 »Under Cover«

Da die internationale diplomatische Anerkennung der DDR außerhalb der Länder des Warschauer Vertrages erst ab 1972 einsetzte, war klar, dass die DDR – noch dazu in einem Nato-Land – zu dieser Zeit keine Botschaft in Brüssel unterhielt. In Ost-Berlin wusste man, dass diese Anerkennung irgendwann kommen würde (ab 27. 12. 1972) und hatte vorsorglich das Messingschild der belgischen Botschaft (durchlöchert von Bombensplittern und Kugeleinschlägen) gesichert, um es dem belgischen Botschafter bei Einweihung seiner Landesvertretung in der Jägerstraße am historischen Ort in Berlin-Mitte feierlich übergeben zu können.

Zum Zeitpunkt der Brüsseler Weltausstellung 1958 hatte die DDR jedoch eine Handelsvertretung am Boulevard Louis

Bild: Bernd Havenstein

Schmidt 101 in Brüssel. Wie kam es also dazu, dass Produkte aus der DDR im (Bundes-)Deutschen Pavillon in Brüssel ausgestellt wurden? Gesichert sind – schon anhand des offiziellen Ausstellerverzeichnisses und durch die vergebenen Urkunden – dass zumindest drei Ostdeutsche mit Exponaten im Pavillon vertreten waren. Das waren die Puppenwerkstatt Hildegard Krahmer aus Karl-Marx-Stadt mit ihren Puppen »Kuck in die Welt« (Pavillon 4), die Keramikerin Hedwig Bollhagen aus Marwitz bei Velten (Pavillon 4) und Fritz Kühn aus Berlin-Grünau mit einem geschmiedeten Raumgitter (Pavillon 1). Für die Handweberei von Henni Jaensch-Zeymer (ein Hinweis von Frau Helgard Kühn) aus Geltow bei Potsdam kann eine Teilnahme (bisher) nicht bestätigt werden. Sie wird weder im Ausstellerverzeichnis genannt, noch finden sich im Brandenburgischen Landeshauptarchiv Unterlagen dazu, bzw. kann erst zu späterer Zeit vorliegendes privates Archivgut in Geltow gesichtet werden. Bei Fritz Kühn bestanden seit Eröffnung seiner Werkstatt 1937 Kontakte in ganz Deutschland, die weder durch Krieg noch durch staatliche Teilung unterbrochen wurden. So hatte er auch gute Kontakte zu den Handwerkskammern in West-Berlin und in der Bundesrepublik, zu Verlegern und zu Firmen. Durch die penible Dokumentation seitens der Familie Kühn kann der Werdegang bis zur Aufstellung des Gitters im Brüsseler Pavillon gut nachvollzogen werden und offenbart die damaligen deutsch-deutschen Befindlichkeiten. Mit dem Leiter der Gruppe »Handwerk« für den Deutschen Pavillon, Architekt Horst Döhnert, München, gab es einen direkten Kontakt schon im Vorfeld des Jahres 1957. Jedenfalls erhielt Döhnert vom Bayrischen Staatsministerium für Wirtschaft und Verkehr per Brief vom 4. Dezember 1957 ein »Bezugsgenehmigungsschreiben« für die Lieferung des Kühn-Gitters. Döhnert teilt am 16. Dezember 1957 Fritz Kühn seine weiteren Exponate-Wünsche für Brüssel mit. Wiederholten Kontakt gibt es mit Herrn Walter Andree aus Berlin-Charlottenburg, der für die Nordwestdeutsche Ausstellungsgesellschaft mbH (NOWEA) als Berliner Kontaktperson arbeitete und alle technischen Formalitäten mit Kühn klärte. Zum Beispiel ging am 26. Februar 1958 von Berlin-Grünau ein Schreiben an Walter Andree mit folgendem Inhalt:

»Gleichzeitig teile ich ihnen mit, dass das große plastische Gitter am 4.3. d. J. fertiggestellt sein wird. Dies zu ihrer Kenntnisnahme, falls Sie es sich vor dem Abtransport noch einmal ansehen möchten. Am 6. bzw. 7.3. 58 wird es zum Versand gebracht. Damit auch hierfür die Fa. Schenker & Co. rechtzeitig die Unterlagen haben, bitte ich Sie, auch dies von Ihrer Seite aus zu forcieren. Es handelt sich dabei um 8 Kisten mit einem Gesamtgewicht Brutto 4 t. Es muss alles gut vorbereitet sein, damit ein Weitertransport durch die Firma Schenker & Co. nach Brüssel sehr schnell gewährleistet ist.«

Fritz Kühn hatte für Brüssel etliche kleinere Schmiedestücke sowie sein 10 m langes Raumgitter ausgewählt. Seine Forderung nach Nennung der DDR als Herkunftsland wurde jedoch wiederholt abgewiesen.

Walter Andree als Vertreter der NOWEA schrieb am 21. Februar 1958: »Die deutsche Beteiligung soll weder in Wort noch in Bild die augenblicklich leider vorhandene Trennung unseres Vaterlandes betonen. Aus diesem Grunde verzichtet man auch auf die Verwendung der Bezeichnung »Bundesrepublik«. Sie werden sicherlich dafür Verständnis haben, dass diese grundsätzliche Regelung die Verwendung des Schriftzuges »DDR« unmöglich macht. Der künstlerische Beirat steht auf dem Standpunkt, dass die Fachleute der meisten Länder nicht erst aus der letzten Zeit wissen, dass sich der Sitz ihres Ateliers im Gebiet der Deutschen Demokratischen Republik befindet. Die volle Nennung des Wohnsitzes Berlin-Grünau wird im Übrigen diese Tatsache auch einem nicht unwesentlichen Teil der Laien-Besucher vermitteln. Wir hoffen gern, dass Sie mit unseren Ausführungen einig gehen. Selbstverständlich sind wir bereit, dem DIA-Kulturwaren auf ihren Wunsch hin die gleiche Erklärung abzugeben.«

Einen Tag später folgte ein Brief vom Generalsekretär der Akademie der Künste West-Berlin, Dr. Herbert Freiherr von

Buttlar an Fritz Kühn, erneut zum Streitpunkt des Herkunftslandes: »Meine Bemühungen, diese Ihre Forderung in Düsseldorf beim Generalkommissariat durchzusetzen, waren leider erfolglos, da man dort bemüht sein muss, alle politischen Fragen aus der Weltausstellung in Brüssel herauszuhalten. Sie haben nunmehr vorgeschlagen, hinter Ihrem Namen zu drucken: Lieferer DIA Kulturwaren, Berlin W8. Bei der letzten Jury-Sitzung haben mir Herr Dr. v. Hartmann zugesichert, dass diese Bezeichnung hinter ihrem Namen gesetzt wird. Ich hoffe sehr, dass damit alle Schwierigkeiten für die Leihgebung Ihrer Muster behoben sind.«

Bevor jedoch alles verpackt und Richtung Brüssel auf die Reise ging, wurde durch Mitglieder der Akademie der Künste Berlin-Ost Fritz Kühns Arbeit in Grünau begutachtet. Unter ihnen die Architekten Hermann Henselmann, Richard Paulick und Hans Hopp. Eingeladen war auch Prof. Horst Michel aus Weimar. Aus dem Westteil der Stadt kamen Herbert Freiherr von Buttlar, Prof. Jan Bontjes van Beek und der Architekt Werner Düttmann.

Im Februar 1958 erhielt Fritz Kühn die Buchungsbestätigung des Hotels Cecil aus Brüssel für die Zeit vom 6. bis zum 25. April. Mit seiner Frau Gertrud als Fahrerin und Sekretärin und einem Mitarbeiter für die Montage machte sich Fritz Kühn im Skoda auf den langen Weg nach Brüssel. Dort wurde sein Raumgitter zwischen zwei Stützpfeiler des Pavillons 1 montiert.

Was von den Weltausstellungen übrig blieb

Zwar sind Weltausstellungen seit ihrer Gründung 1851 stets nur zeitweilige Veranstaltungen gewesen und die schönsten Gebäude mussten demontiert werden. Aber wie immer gab es Ausnahmen. Das betraf schon den ersten Ausstellungsbau, den Kristallpalast von Josef Paxton aus dem Jahr 1851. Er wurde erst demontiert, drei Jahre später aber erneut aufgebaut, später sogar erweitert, brannte allerdings 1936 ab. Kontroversen löste der Pariser Eiffelturm schon bei seinem Aufbau aus, als er für die Pariser Weltausstellung 1889 errichtet wurde. Viele bedeutende Künstler empfanden ihn als eine Zumutung für das Pariser Stadtbild. Er steht inzwischen für Paris als »Stadtkrone«, immer wieder mit spektakulären Lichtinstallationen geschmückt, zuletzt bei der Sommerolympiade 2024. Der legendäre Barcelona-Pavillon von 1929 musste demontiert werden, aber das Gefühl eines großen Verlustes für die Weltarchitektur führte von 1984 bis 1986 zu seinem Neuaufbau an seinem einstigen Standort. Die Georg-Kolbe-Plastik aus dem Atrium steht heute im grünen Innenhof der Wohnanlage Ceciliengärten in Berlin-Schöneberg. Der Beitrag der Sonneberger Fachschule für Spielzeuggestaltung, deren Direktor Reinhard Möller die »Thüringer Kirmes« für den Deutschen Pavillon in Brüssel 1910 konzipierte, ist heute das Glanzstück im Sonneberger Spielzeugmuseum. Aus dem Brüssel des Jahres 1958 gelangten verschiedene Stücke nach Deutschland: So der markante Stahlpylon, der die Zugangsbrücke hielt. Er steht heute an der Autobahn A3 und ermöglicht den Duisburgern einen direkten Zugang zum Tierpark. Dass auch der Vatikan-Pavillon in Brüssel rückgebaut werden musste, traf sich gut mit den Plänen für den Neubau der kriegszerstörten Liebfrauenkirche in Duisburg. Die bunten Glasfenster aus Belgien wurden von den Künstlern Georg Meistermann und Gèrard Lardeur als neu komponierte Glaswände in die Fassade integriert. Die vor dem Pavillon aufgestellte Plastik von Bernhard Heiliger »Mensch und Fortschritt« steht seit 1964 vor dem von Sep Ruf gebauten »Kanzlerbungalow«. Das Raumgitter von Fritz Kühn sollte nach der Rückkehr in der Technischen Hochschule München eingebaut werden. Dann organisierte der Bürgermeister in Lindau am Bodensee, Hans Koch, 1961 eine Ausstellung »Kunstschmiedearbeiten von heute«. Große Werke wurden im Stadtpark präsentiert, wie Fritz Kühns Arbeit. Am 8. Mai 1962 schrieb Hans Koch an Fritz Kühn: »Das Weltausstellungsgitter steht nach wie vor im Lindauer Stadtpark. Es wäre längst in München, wenn sich nicht seinerzeit der damalige Bundesbeauftragte für die Weltausstellung eingeschaltet hätte, um es nach Westberlin zu bringen.« Dort steht es heute noch.

Bild: Bernd Havenstein

Raumgitter von Fritz Kühn im Lindauer Stadtpark